모음을 위하여

모음을 위하여

박연옥 시조집

Sijo Poems by Park Yeon Ouk

■ 시인의 말

새벽은 언제나 혼자였다.
그리운 건 내 안에 있는데
함께하자 손 내민 너!

짧지 않은 시간들을 이끌어 준
너와의 이야기를
부끄럽게도 세상 밖으로 내보낸다.

2014년 늦가을
박연옥

모음을 위하여 박연옥 시조집

01 사과를 만나다

02 가을 숲 명상

03 겨울편지, 일몰

04 민들레 가족

05 지상의 새벽

01 사과를 만나다

양파_다시 온 가을_사과를 만나다_다랑이 마을 운韻_아버지 상형문자_오월_감자에 관한 비유_그리고 남은 적막_새벽_남겨둔 풍경_오전 여덟시_물빛 고요_순백 그 너머_모음을 위하여

양파

몇 구비를 돌아야
너에게 닿을 수 있나

겹겹 성곽 두르고
하얀 속살 감추고

끝끝내 숨긴 마음을
나이테로 감은 너

다시 온 가을

1

하늘을 받쳐 이고 올벼 익는 들녘에서
날갯짓도 투명한 무등 탄 저 메뚜기
수풀 속 마른 기척에
깜짝 놀란 가슴이여

2

늙은 바위 등 기대는 억새꽃 환한 등성
갈색바람 더듬더듬 길 찾아 떠나가던
그때 그, 흙 묻은 기억
누가 밟고 다시 오나

3

추억처럼 퍼져가는 억새꽃 하얀 길을
짧고 긴 벌레울음 목이 쉰 한나절은
가을 별 투명한 이별,
생이 환히 보인다

사과를 만나다

길어야 일주일 쯤 머무는 줄 미리 알아
올핸 꼭 만나리라 서둘러 꽃 피워놓고
받침이 집인 줄 모른 채 사과꽃은 지더니

떠난 자리 들어선 열매 뙤약볕에 담금질하고
비바람에 지는 벗들 가슴으로 배웅하며
모질게 견뎌온 나날 과즙으로 고이더니

끝내 그를 알고 안절부절 못하는 낮빛
그걸 헤아린 듯 크게 한 입 베어 무니
달디단 사과향 속으로 그림자 두엇 잠긴다

다랑이 마을 운韻

층층이 포개어져 바람으로 쌓여 있는

쟁반에 담은 듯이 쪽빛이 고요하고

길섶에 무리진 구절초 구름같이 피었다

등고선 그리듯이 굽이굽이 한몸 되어

풀 한 포기 나무 하나 다랑이로 살아가는

사립도 없는 마을엔 그리움이 주인이다

닻을 내린 빈 배 돌아보는 푸른 바다

기다림의 창을 열면 노을처럼 피는 연기

어느새 구름 밖으로 해가 반짝 빛난다

아버지 상형문자

신발장을 정리하다 무언가 낯익어서
꺼내서 앞 뒤태 요모조모 살펴보니
삭은 듯 털신 한 켤레 아직 남아 있었다

텃새들이 가끔씩 날아와 울다가는
오리나무 저만큼 아버지 봉분 곁을
저녁 눈 밟고 간 노루, 오목한 저 발자국

부러진 마른 가지 땔감으로 주워 온
아버지 긴긴 겨울 불로 지핀 상형문자
지금도 그 따스함이 고스란히 남은 아침

오월

자줏빛
오디 익는
키가 작은
간이역

그리운
소식들만
청보리로
자라고

외딴집
마당 모퉁이
흰 빨래가
걸린다

감자에 관한 비유

냉장고 문을 열자 웅크린 감자 몇 개

잊고 산 시간 저편 겨울의 안부 같은

어쩌면 지우고 남은 우리 삶의 여운 같은

혹한을 견디고 온 노숙의 그것처럼

이를테면 경이로운 생존의 순간들이

서로가 서로를 붙잡고 봄을 만나는 것이다

그리고 남은 적막

천천히 늙어 가는 외딴집 저녁노을
대숲을 배경으로 가족 같은 감나무
발갛게 등을 밝히고 누구를 기다리나

우표 없이 배달된 눈부신 벌레소리
억새들 은빛 갈기 달려가는 언덕 아래
구절초 보랏빛 향기 또 하나 남은 적막

새벽

누가 걸어갔을까
투명한 길이 저쪽

어둠이 번져 있는
티끌 하나 없는 고요

손 닿자
조용한 소멸
허공처럼 벙그는 꽃!

남겨둔 풍경

전망대 자살 바위 아찔한 한 순간을
종이새로 날다 보면 어디쯤에 가 닿을까
한생을 파도와 살며 젖어 우는 태종대

영혼도 바람처럼 그렇게 사나 보다
모든 것을 다 버리고 남겨 둔 풍경처럼
아득한 벼랑 사이에 원추리 꽃 피었다

오전 여덟 시

비둘기
자리 뜨자

떨어진
깃털 두엇

산책 나온 고양이
살며시 밟고 간다

오소소
꽃잎 진 자리
뒷모습을
남긴 봄.

물빛 고요

이슬이 들을 덮은 비 갠 날 아침 호수
수련 잎에 앉아 있는 밀잠자리 한 마리
살며시 다가가 보니 물빛 위에 고요였다

연잎은 연잎끼리 하늘을 떠받들고
잎새 뒤로 숨어 든 어젯밤 젖은 기억
누구의 간절함이냐 아직도 숨을 쉬는,

순백 그 너머

오래된 나뭇가지 키 낮은 울타리에
반 쯤 잘린 가지 낮달도 와 걸리고
찻잔 속 파랗게 뜨는 앙금 같은 그 생각

달아난 시간 뒤로 시린 상처 꿰노라면
어쩌면 산다는 건 무명옷 한 벌 같은
아픔도 저리 가볍게 혼자 가는 것인가

지우고 돌아서는 순백의 그 너머로
흐르는 물살들은 안개 속에 묻혀 있고
피라미 파닥임 끝에 파르르 강이 떤다

모음을 위하여

친구들과 떠나는 먼 바다 여행길에

차창 밖 몰려드는 또 다른 바다풍경

반쯤은 황금빛으로 내 품에 와 젖을 때

해안선 멀리멀리 재잘대는 파도 떼들

벗어 놓은 일상들이 멀고도 가벼웠다

어느덧 우리 모두는 해초처럼 일렁였다

생각도 부대끼면 떠내려 온 쉼표인가

오늘 밤 우리 꿈은 빈 서랍을 열고 닫는

모음이 참 아름다운 시도 되고 밥도 된다

02 가을숲 명상

동백꽃_댓잎으로 새긴 달빛_몽돌밭에서_내 숲의 비밀_골무, 그 안에 잠들다_빈집의 물소리_멀고 푸른 집_가을비_가벼운 물빛_가을숲 명상_마음의 쉼표_마른 향기_바다에 물린 남해_등대낚시

동백꽃

오오랜 기다림 끝
비로소 문 여는 꽃

찬찬히 바라보면
아득한 파도소리

몸 숨긴
푸른 잎사귀
물이 드는 다도해

때로는 붉게 울다
선 채로 얼어 버린

때로는 햇살 속의
따뜻한 핏줄 같은

수줍은
저 눈길 속의
가슴 붉게 피는 꽃

댓잎으로 새긴 달빛

등이 휜 달이 하나 새벽까지 떠 밀려와

별들도 잠든 고요 누가 와서 깨우나

가만히 창문 너머로 다가오는 푸른 기척

차 끓여 밝혀 놓고 귀 세워 듣는 시간

조그만 바람에도 술렁이는 뒤란 대숲

그 마음 하마 뺏길까 달빛 받아 새겼다

몽돌밭에서

바람에 포개어져 뭍으로 떠 밀려와
파래 낀 섬과 섬 사이 오래된 안부 같은
눈물도 옹이가 되나 까맣게 젖은 너울

허공도 물에 젖나 몸을 안고 우는 날은
숨어든 슬픔들이 둥글게 윤이 나서
오랜 날 달빛에 씻은 사리 같은 고요여

꿈을 털고 일어나면 단아한 너의 몸짓
뼈로 남은 실루엣이 하나 둘 살아나고
오늘은 반쯤 열린 하늘이 물무늬로 길을 낸다

내 숲의 비밀

언제나 편안했던 그길 한쪽 정거장
엄지를 깨물면서 숨소리 죽여 가며
나 혼자 읽어 새기던 울 아버지 비밀 일기

자정을 한참 지나 하현달 가는 허리
궁지 몰린 월사금 입술 말리 한숨짓딘
등 굽은 세월 저편을 쑥국새도 와 울었다

돌아보면 허물 같은 그리움의 유산인데
삘기 꽃 환한 골짝 고향집이 그립다
흙벽의 그 바람소리 지금도 들리는가

메마른 하늘이고 논바닥 갈라지던
참았던 울음들을 이제 다 쏟고 싶다
아버지 다랑이 논에도 단비 흠뻑 내려라

골무, 그 안에 잠들다

눈부신 햇빛들만 빈집에 살고 있다
깜부기 묻은 바람 가볍게 흩어지고
버려둔 옛 우물가엔 부리 닦는 산새 두엇

유년의 마당 한쪽 다 삭은 빨랫줄
뒤울엔 아직도 저녁연기 살고 있나
두고 온 그때 그 자리 반짝이는 벌레소리

녹이 슨 양철지붕 기우뚱한 가족사
구멍 난 온기들을 밤새워 꿰매시던
어머니 시간은 가고 골무 안에 잠들다

빈집의 물소리

안개는 연잎 위로 자막처럼 깔리고

함지박 가득하게 가라앉는 물소리

그 무슨 인연으로 와 동심원이 되었나

시간의 그물 위로 맹독처럼 번진 고요

투명한 발소리도 숨기고 싶은 날은

아득히 먼 길 떠나간 친구가 보고 싶다

낡은 주소 저편 어디 그 집은 살아 있어

이따금 초록바람 쓸고 가는 마당가에

오늘도 안개 걷히자 자지러지듯 피는 꽃

멀고 푸른 집

가만히 눈 감으면 꿈에서도 굽은 길이
한 마리 새가 되어 포로롱 날아간 곳
대숲을 울로 두르고 낮은 집이 거기 있다

황토재 언덕으로 넘어오는 워낭소리
과꽃 핀 골목길로 밥 짓는 연기 돌고
아이들 부르는 소리 지금도 들리는 듯

두고 온 먹감나무 그림자 드리운 곳
오늘도 그곳에는 달이하나 솟는지
귀뚜리 우는 소리에 멀고 푸른 낮은 집

가을비

겨울 오는 문턱에서
살짝 고개 돌린 가을

무엇을 두고 왔나
목이 긴 여운처럼

젖어서
갈 수가 없는
먼 산 아래
저녁 연기

가벼운 물빛

불을 댕긴 가을이 말갛게 흔들리는

그 거리 어디쯤서 황홀한 눈빛 되어

까마득 잊은 생각이 되짚어 다가온다

어느 날 늦은 오후 등 기댄 햇살만큼

갈증으로 뜨겁던 보랏빛 이야기들

찻잔 속 노란 그림자 잎새로 가라앉고

시간은 물빛처럼 반짝이다 사라진다

가슴에 물이 들까 향기만 남은 자리

마른 꽃 흔들며 오는 이, 가벼운 가을 날

가을 숲 명상

풀무치 늙은 부부 숲속으로 숨는 시간

가을은 하늘 깊이 우물처럼 고이고

구절초 보랏빛 꽃은 어제보다 진하다

버들치 떼 지어 하얗게 놀던 여울목

온종일 햇빛들이 자맥질로 바쁜 하루

오늘 밤 귀뚜라미들 날갯짓도 투명하리

여름내 목이 쉬던 그 젊은 청매미는

느릅나무 아래에서 며칠 전 입적했다

잘 익은 도토리 몇 개 몸을 뉘는 지구 한쪽,

메밀꽃 안부

그 옛날 기찻길 옆 세모난 귀퉁이 논
재잘대는 아이들과 메밀꽃이 하얗다
발목 흰 풍금소리가 음보 밖을 맴도는

채우면 비워지는 오후의 이마 위로
그때의 시간들이 물소리로 끓고 있다
가을이 찻잔 속에서 공기처럼 가라앉는

떠나간 이름에게 한 움큼 쥐어 줄까
달빛은 부서져서 저 만큼 흩어지고
메밀꽃 잘디잔 향기 안부처럼 다가온다

마른 향기

— 태풍 산바 이후

가을도 중심 지난 갯마을에 들어서면
포구로 마중 나온 햇빛들 옹기종기
들국화 마른 향기가 바람 뒤에 숨는 날

앙상한 그림자만 서성이다 떠난 자리
망가진 그물 너머 바다가 널려 있다
수평선 그 어디쯤에 삶의 자국 남았을까

사방에 널브러진 때 묻은 기억들
누군가 등 뒤에서 가만 안아 줄 것 같은
멀리서 파도 한 자락 밀려오고 있었다

바다에게 물린 남해

썰물이 빠져나간 어머니의 봄 바다

개펄 그 끝에서 어린 손에 붙잡힌

먼발치 추억에 찍힌 달랑게 물린 밤

푸른 해무 중년바다 달빛이 출렁인다

남해의 잠 속으로 섬들이 들어오고

방안을 가득 넘치는 몸을 뉘는 파도소리

등대 낚시

다 삭은 흰 뼈처럼 초승달이 떠 있다
혼자서 어둠을 먹는 푸르른 너의 눈빛
이 밤도 우리를 향해 기도하는 자세로

오랜 침묵 그 어디쯤 스러지는 하얀 포말
하들짜 놀란 손길 장대가 휘어지면
오늘밤 귀가 길에는 작은 등이 걸리겠다

03 겨울편지, 일몰

파적破寂_유등제_오래된 길_폐교를 가다_겨울편지, 일몰_익명의 시_민달팽이 보법步法_봄이 와 눕다_목련편지_마흔 살의 진주眞珠_따뜻한 강_어린 봄_고려동경 실잠자리_바다 화엄

파적破寂

올챙이 떼 왁자한 다랭이 무논 위로

하늘을 찌를 듯이 개개비소리 날아가자

봄이다! 놀라 흩어지는 물에 비친 구름들

돌미나리 새순 위로 이슬 흠뻑 내려앉은

보이지 않는 아침이 파랗게 젖었다

민들레 하얀 목덜미 흔들고 가는 바람

유등제

이 땅에 어둔 혼을
촛불로 밝혀 두고

촉석루 긴긴 밤이
댓잎처럼 푸르다

한 여인
매운 정신이
저리 타서 고운 강

오래된 길

물봉선화 피고 지는
오래된 길을 간다

풀려나는 매미울음
연못으로 빠져들고

개미들
긴긴 행렬은
불립문자 닮았다

폐교를 가다

목청껏 부르면 와르르 반짝이던

버려둔 운동장에 누군가 찾아올 듯

아직도 푸른 종소리 호명하며 서 있다

직박구리 한 쌍이 날아든 빈 교실엔

연필로 그리다 만 기억의 뒷모습이

헐거운 풍금소리로 서성이고 있었다

겨울편지, 일몰

기우는 시간 밖을 감싸 안는 저녁놀

있는 것 다 내어 준 중년의 저 바다는

등 시린 겨울편지를 썰물로 쓰고 있다

벅찬 숨 몰아쉬며 굴을 따는 할머니

휘인 허리 그 위에도 노을은 붙어 있다

외출한 붉은발말똥게 서두르는 귀갓길

쓰다만 줄글들은 갯벌에 묻어 두고

그리움 다독이는 먼 파도가 되어 본다

손대면 물이 들 듯이 귤빛으로 찰랑이는

익명의 시

차마 다 말 할 수 없어
꽃잎으로 지는 그리움

누군가의 창가에
보랏빛 등을 켜면

허기진
그림자로 와서
가로눕는
그 이름

민달팽이 보법步法

형형색색 불빛들이 서서히 빠져 나간
깊은 잠 속으로 벌거숭이 집이 한 채
우거진 숲을 헤집고 좁은 길이 나 있다

덜 익은 낙과들이 입 안에서 부서진다
습기 밴 외벽에다 눌러 적은 이름들
언제쯤 부랑아로 떠돈 이곳서 깨어날까

난간을 잡은 손이 파르르 떨리고
느려진 속도만큼 잠적했던 시간들이
갓 헹군 햇살이 되어 연골처럼 푸르다

봄이 와 눕다

절 마당 한쪽으로 볕살이 모인 연못

먹 바위 그늘 아래 실뱀이 또아리 트는……

이승의 허물을 벗고 저리 누운 늦은 봄

사계 밖 누가 와서 서성이고 있는가

가쁜 숨 되짚고 물그늘 재이면서

눈부신 수련 한 송이 지금 막 피고 있다

목련 편지

달빛에도 다칠세라 고이 펼친 편지 한 통

안개 속 아른아른 문자로 오시는 봄

연둣빛 잉크를 찍어 추신까지 적었구나

어찌 보면 새색시 버선코 닮은 모습

햇빛도 티가 될까 고이 여민 순결인데

누구냐 저 가슴 열어 마음 전해 주는 이는

돌담에 기대서서 하얗게 불을 켜자

가난도 왕국보다 눈부신 사치였다

어느 날 꽃잎 다 지면 그 집 창도 저물겠지

마흔 살의 진주眞珠

속살 깊이 파고든 사랑도 아픈 사랑
천만근 매듭으로 생살 더욱 아려 온다
오늘도 바다를 안고 혼자 우는 저것은

거친 파도 폭풍우도 온몸으로 맞서고
절망도 굳게 다문 침묵의 시간 지나
버리고 다시 버렸다 작은 뼈 하나 위해

은빛 바다 저 멀리 떠오르는 금강경
마음의 상처가 꽃보다도 고와라
누구의 아픔이기에 저리 홀로 눈부신가

따뜻한 강

1
물살들이 기울기를 하염없이 재고 있는
강어귀 모래톱은 안부처럼 환하고
무리져 거슬러오는 피라미떼 한창이다

2
갈대숲 언덕으로 바람막이 집 한 채
새어나온 불빛들이 들길을 밝힌다
가난도 따뜻한 희망 오붓한 저녁 한때

3
봄비들이 다녀갔나 어둠에도 푸른 기운
흑백의 무늬들도 서로서로 껴안으면
저 골짝 돌배 꽃 환히 봄 마중 나오겠지

어린 봄

툭! 발로 찬 자갈 한 개

가볍게 날아간 쪽

샛노란 어린 봄들

아우성이 들린다

동백꽃

떨어진 자리

젖어 오는

봄소식,

고려 동경 실잠자리

비 그치고
한나절
햇빛도
푸른 고려

깊고도
너른 세상
얼마나
날았기에

청동 속
혼으로 남아
은입사로
반짝이나

바다 화엄

1

남해 금산 먼발치
올망졸망 푸른 넋들

오늘도
발끝 모으고
먼 바다
바라보는

세상 밖
눈부신 연꽃
외발로 선
다도해

2

메아리도 돌고 돌아
풀씨처럼 여무는 곳

눈이 먼 사랑 하나
초승달로 뜨는 날엔

파도도
수런거리며
밤새워 뒤척인다

3
다도해 아침은
바다의 화엄이다

통통선 물길 내는
저것은 일필휘지

탈자도
오자도 없는
금빛 두른 법문이여

04 민들레 가족

자전거를 타며_풀빛 약속_민들레 가족_장마와 관련하여_어떤 생각_슬픔의 둘레_나뭇잎 경經을 읽다_국도에서_활엽闊葉의 꿈_해바라기를 노래함_붓이 말하다_생명연습_내안의 우포_메꽃

자전거를 타며

두 어깨 나란히 브레이크 잡은 손
화창한 햇빛 속을 새들도 인사하네
길과 길, 바람과 바람 질주하는 은빛 페달

휘파람도 맑은 언덕 웃음 꽃 피어나면
등 굽은 사잇길이 다가섰다 사라지고
가야 할 저 먼 길들이 우리네 삶과 같다

때때로 떠오르는 어릴 적 추억들도
바퀴에 감겨 가는 즐거운 이 한때여
세상은 그런가 보다 동그란 바퀴 같은

풀빛 약속

아직은 바람 불어 목덜미가 시린 오후

찻잔에 우린 봄을 잠시 들고 마셔 본다

돛 없는 목선 한 척이 갈대 강江을 흐르듯

잠길 듯 잠길 듯이 풀빛 같은 먼 약속

눈부신 해후처럼 내 곁에 다가온다

오늘이 더 보드랍게 펼쳐지는 봄바다

민들레 가족

봄볕에 이불 널던 낮은 키 담장에는
철거를 알리는 붉은 문구 나부끼고
정 많던 골목 사람들 나눠 갖는 낯선 주소

오래된 낡은 의자 저만큼 나뒹굴고
울 안의 벚나무도 뭉텅 잘려 나갔다
가벼운 민들레 가족 하늘 길 떠나는 날

가난도 함께하면 따뜻하단 그 말에
조용히 손 내밀며 눈물 크렁 도는 이웃
연둣빛 그리움 안고 걸어가는 은하 먼 길

장마와 관련하여

— 일용직의 죽음을 보며

참새 가족 모여 앉아 이마 맞댄 처마 밑
바닥난 햇빛 잔고 흠뻑 젖은 통장 놓고
우수 찬 여린 길들이 천 갈래 만 갈래다

도시의 시간들은 안섶까지 축축하다
젖은 날이 삼켜 버린 저 지독한 무기력
저무는 창문 밖으로 녹아 버린 하루의 뼈

쓸쓸한 그리움이 뒤안길에 놓인다
텔레비전 화면 가득 스치고 간 다음 풍경
생이란 허름한 옷 한 벌 겉불처럼 타고 있다

어떤 생각

연초록 수양버들 리본 묶는 봄이다
지난밤 별똥별이 사라진 그곳으로
먼 생각 푸르게 와서 물소리로 들린다

햇빛인가 바람인가 얇게 비친 시간 위로
묶었던 매듭 풀고 물무늬로 살고 싶다
젖었던 마음 밖으로 날아가는 새 한 마리

녹차 빛 말간 마음 그것도 죄가 되나
향기는 연분홍빛 그림자로 다가와서
눈감아 잔잔한 얼굴 찻잔 위에 넘친다

슬픔의 둘레

은행나무 잎새가
유달리 푸른 날에

담 밑을 지키는
긴 침묵
조등 하나

비켜선
어제의 시간
우주 속에 잠기고

지상의 뒷모습
어둠으로 덮어간다

슬픔의 둘레만큼
붉어지는 그리움

한 생이
참, 가볍구나
열무 꽃 피고 지듯

나뭇잎 경經을 읽다

뿌리에서
가지로
동그랗게
모인 힘

잎사귀 끝
맺힌 적멸이
햇빛과
몸을 섞자

우주가
크게 흔들렸다
소리 없는
저 찰나,

국도에서

자동차
불빛들이
줄을 잇는
14번 국도

길 잘못 든
고라니
불안한
저 눈빛

단풍 든
먼 산마루가
고향처럼 멀구나

활엽闊葉의 꿈

어린 아이 손금같이 봄빛 잘게 퍼진 아침
아직은 굽은 허리 숨겨 둔 활엽闊葉의 꿈
내일은 바람 곁에서 초록으로 서리라

혈관처럼 선명한 오리나무 여린 잎맥
가만히 들어보면 하늘소리 물소리
몸 밖에 걸어 둔 꽃술 풍경처럼 흔들린다

구름 밖 세상들이 궁금한 이런 날은
새들의 날갯짓이 저리도 가벼울까
남 몰래 몸을 숨기고 물어보는 푸른 안부

해바라기를 노래함

지난 여름 햇빛들도
환하게 품어 안고

가을바람 곁에 서서
수척한 그 외로움

아직은 타는 그리움
그렇게 있고 싶다

눈부시게 바라보던
그 눈길 어디 가고

가슴속에 새겨 둔
사랑이란 그 말이

단단한 사리로 굳어
품어 안는 꽃이여

붓이 말하다

— 한석봉

1

얼마나 먹을 갈면 달빛도 먹물 될까

늦도록 잠 못 드는 못이 박힌 어린 손

저 일획一劃 가슴에 품고 붓을 바로 잡는다

2

썰어 놓은 흰 떡은 가지런히 빛나는데

어쩌나 얼룩뿐인 먹 갈이 삼년 세월

다시 켠 호롱불 앞에 말이 없는 모자상母子像

3

청대 잎 푸른 결기 새로이 먹을 갈아

어머니 전에 바친 꿈틀대는 저 글씨

사람이 다 못한 말을 붓이 대신 말한다

생명연습

탱자나무 좁은 둥지
주둥이 노란 것들

물어 온 연둣빛에
입 벌리는 저것 보아

고샅길
붉은머리오목눈이
왁자한 아침 공양

내 안의 우포

원시의 대자연이 지문처럼 모여 사는

깊은 늪 갈대숲은 언제나 깨어 있어

드넓은 평온의 시간 어머니 품속 같다

동심원 푸른 둘레 가시연이 피었네

어느 왕조 큰 기침이 예 와서 머무시나

물속에 금관가야가 저리 붉끈 솟았다

나룻배 짙은 노을 어둠 몰고 다가오면

언덕의 달맞이꽃 노랗게 등 밝히고

내 안의 우포 속으로 별빛 가득 잠긴다

메꽃

전봇대를 감고 올라
수줍은 듯 핀 메꽃

귀를 대면 먼 소식
초록빛 물이 들까

내 생각
목이 긴 자리
친친 감는
수평선

05 지상의 새벽

섬_달 아래 곡선曲線_지상의 새벽_흔들리는 고요_청령포에서_무량사_장을 담그며_봄, 소멸에 대하여_달무리_겨울나무_길 밖의 집-다시 갠 날_시간의 경전經典_뎅그렁

섬

그리움 물살 되어
떠내려가는 마음 있다

외진 곳 파랗게
고개 드는 섬이 있다

가끔은
몰려온 별빛
자맥질로 놀다 가고

기억의 깊은 골짝
아득한 저 보랏빛

시간의 낡은 건반 뒤로 듣는 파도소리

여자는
그 섬 하나를
가슴으로 품었다

달 아래 곡선曲線

— 백건우 욕지도 섬마을 음악회

갈매기가 마중 나온 섬마을 음악회
가벼운 멀미 같은 술렁임이 시작된다
잘 익은 와인 빛 노을 보석처럼 뿌려 두고

솟대들이 버티고 선 닻을 내린 포구는
안개처럼 펼쳐지는 크나큰 악보였다
파도는 푸른 피아노 물고기 흰 등뼈

오늘은 내 귀도 먼 나라 소라껍질
잔물결 흔들리듯 투명한 속삭임이
가볍게 물 위를 걷는 듯 환하고 또 환하다

우두커니 바라보는 작은 섬의 어둠들
동그란 섬 하나에 하얗게 젖어든다
도동항 잔잔한 바람 푸른 귀 열어 놓고

지상의 새벽

찻잔에 맑게 잠긴 키 작은 어린 별들
한 모금 또 한 모금 입 안에 고이는 온기
이따금 개 짖는 소리 어둠도 물러서고

자줏빛 그리움에 귀뚜라미 울음들
마음을 웅크리고 혼자서 듣다보면
뚝! 그친 적막의 둘레 흔들리는 그림자

목이 긴 수은등이 하얗게 기운 고독
지상에 닿을수록 생각이 넓어지고
새벽의 정수리 위로 쏟아지는 종소리

흔들리는 고요

두 손으로 감싸는
따뜻한 녹차 한 잔

그 봄 날 햇살들이
이끼처럼 자라고

지는 꽃
그림자 눕자
아, 흔들리는
이 고요

청령포에서

나지막 솔숲이 섬 아닌 섬이구나
나룻배 몸을 싣고 내려 선 강가에는
빛바랜 자갈 무리들 이제야 입을 열고

격랑이 몰아칠 때 낮춘 몸 그 자세로
아직도 허리 굽혀 파수 보는 소나무
하늘을 우러른 진실 솔잎 가린 관음송

망향 탑 구비 돌아 자적하는 백로는
홀로가 익숙한 듯 아픔을 씻으려는 듯
넋이 된 유배의 혼이 기포되어 흐른다

무량사

오늘도 울고 가는 천년의 풍경소리

에워싼 적막 하나 석등을 품에 안고

매월당 그의 혼으로 물이 드는 무량사

장을 담그며

뒤울안 둘러 피는 찔레꽃 푸른 향기
어머니 장 담그는 정갈하신 모습이
오늘은 어깨너머로 거울처럼 비칩니다

무명의 옹기장이 영혼도 함께하는
손 모아 기도하듯 참숯까지 얹으시면
질박한 삶의 문양도 동동 뜨던 긴 봄날

여름비 가을 이슬 머루빛 오랜 설렘
둥그레 곰삭으며 젖어드는 깊은 맛은
올해도 질그릇 가득 정으로 고입니다

봄, 소멸에 대하여

적막도 물이 드는
뻐꾸기 울음소리

아기 솜털 민들레
바람결에 귀 세운다

내 안의
하얀 그림자
아, 눈부신
저 소멸

달무리

구겨진 구름 사이
홀몸으로 빠져나와

부드러운 질감으로
확 퍼진 물비린내

그렇게
돌아 온 사내
우두커니
서
있다

겨울나무

숨길 것이 더는 없는
누드의 몸짓에는

초록의 아픔들이
마디마디 숨어 있다

올해도
욕심 다 벗고
기다릴 줄 아는 마음

길 밖의 집

버리고 간 씨앗들이 햇빛 속에 목 내미는
모두 떠난 폐가에도 봄이 사뿐 내려앉다
어머니! 금방이라도 등 뒤에서 부를 듯

먼 산 그림자는 옛날처럼 다가와서
뛰놀던 마당가에 우두커니 서 있는데
댓돌의 낡은 고무신 오늘도 말이 없네

이끼 낀 기와 몇 장 삭아가는 그 집 뒤곁
은빛 등을 부비며 햇빛들만 쌓이고
두고 간 도랑물소리에 무딘 귀를 세운다

다시 갠 날

커튼을 걷고 창을 열자
어깨 푸른 여린 바람

내 마음의 뒷모습이
새가 되어 날아간다

어쩌나
숨겨 온 생각
덧칠하다
들켜 버린

시간의 경전經典

갈래로 땋은 머리 나풀대는 한 소녀
담쟁이 새순 따라 푸른 꿈 뻗어가다
바람에 날리는 꽃씨 조용히 순장하던

조금은 섭섭하게 중년의 눈빛으로
열한 살 젖은 마음 가만히 들춰 보면
아직도 또래를 트는 연둣빛 화안한 섬

등걸에 걸쳐 놓은 휴식 같은 밤이 오고
화선지 물 번지듯 조용한 마감 시간
뻘 같은 어둠 아래로 잠겨드는 먼 불빛

뎅그렁

푸르른
오동잎에

햇빛마저
가벼운 날

생각도
흠이 될까

모은 손이
흔들린다

자벌레
기어가는 쪽

뎅그렁
풍경소리

작품 해설

수채화 같은 서정과 여운의 무늬

정수자(시인 · 문학박사)

1

첫 시집은 영혼이 떨리는 고백 같다. 자신을 속속들이 드러낸다는 두려움에 도망치고 싶은 욕구가 자주 스친다. 그러면서 자신의 시적 여정에 첫 깃발을 내건다는 설렘으로 다시 둥둥 뜨기도 한다. 이처럼 어찌할 바를 모르는 듯 미묘한 흥분과 겸허 속에 건네 온 박연옥 시집의 초고를 조심스럽게 읽는다.

박연옥은 2006년 중앙신인문학상으로 나왔으니 어느 새 등단 8년차 시인이다. 중앙신인문학상은 중앙일보 지상백일장에 뽑힌 일 년 동안의 월 장원들이 다시 모여 겨루는 연말백일장의 장원이 차지하므로 여느 신춘문예보다 문이 좁은 편이다. 당시 「사과를 만나다」는 단아하고 참신한 시적 가능성으로 심사위원의 몰표를 받았던 것으로 기억한다. 그 후 시인은 자신만의 시조 문법을 찾아 고심한 10여년의 흔적을 마치 "발목 흰 풍금소리"(「메밀꽃 안부」)처럼 가만가만 떨면서 묶어낸다.

우리가 기억하든 말든 박연옥 시인은 좋은 작품을 조용히 쓰고 있었다. 중앙(중앙 / 지방의 낡은 구도이자 차별적 인식이 전제된 '중앙 = 서울' 등식은 바꿔야 한다고 비판하면서도 너무나 익숙한 현실이라 여전히 쓰게 된다)과는 먼 지역인 통영에서 서울나들이 같은 것 별로 없이 외로움을 양식 삼아 꾸준히 작품을 써왔다고 할까. 그렇게 오롯이 가꿔온 그만의 세계는 이름이 묻힐 만하면 다시 신인처럼 신선한 작품을 들고 나와 박연옥이라는 이름을 일깨우곤 했던 데서도 짐작할 수 있다.

이렇듯 시인의 행보는 높고 큰 소리들과는 거리가 멀었지만, 시조단의 어슷비슷한 이미지나 서정성에 가끔씩 잔잔한 파문을 던졌다. 그 중에서 두드러진 특징을 집약하면 수채화 같은 이미지와 명징한 구조화 그리고 감각의 쇄신으로 이루어내는 서정적 무늬의 여운이라고 할 수 있을 것이다. 이 시집은 그러한 시적 지향 속에서 자신만의 시조와 미적 진경을 위해 고투한 박연옥 시인의 오붓한 고백이다. 그럼 가을꽃모양 조금 늦은 듯 수줍은 듯 간소한 구도 속으로 이끄는 그의 시적 오솔길 속을 같이 거닐어보자.

2

시인은 발견에 늘 목마른 사람이다. 발견이 시의 핵을 이루는 생명의 씨앗이니 말이다. 시인이 곧 견자見者임을 널리 알린 프랑스 시인 랭보Arthur Rimbaud에 기대지 않더라도, 수많은 시가 발견에 힘입은 탄생임은 두루 아는 사실이다. 그런 까닭에 잠자리의 다층적인 겹눈 혹은 독수리의 조감하는 눈 혹은 카메라 렌즈 같은 기록의 눈을 당연한 무기로 여기는 시인들은 자신의 눈도 늘 새롭게 열고자 갖은 애를 쓴다. 펜과 종이보다 먼저 자신의 눈으로 무엇인가를 읽어내야 그것을 그려내고 남다르게 전할 수 있기 때문이겠다. 그것은 다시 관점의 문제로 이어지니 시인의 시선은 시관詩觀의 문제와 직결되는 시적 근간이라 하지 않을 수 없다.

박연옥 시인의 등단작에서 우리는 시인의 지향을 읽으며 그가 견지해나갈 시선이나 시적 관점을 짐작해본다. 그는 앞으로 어떤 시조를 쓸 것인가, 어떤 관점으로 어떤 세계를 어떻게 열어갈 것인가 등등. 이는 주목할 만한 신인에게 거는 시조단의 의미 있는 주문이기도 하다.

> 길어야 일주일쯤 머무는 줄 미리 알아
> 올핸 꼭 만나리라 서둘러 꽃 피워놓고
> 받침이 집인 줄 모른 채 사과꽃은 지더니
>
> 떠난 자리 들어선 열매 뙤약볕에 담금질하고
> 비바람에 지는 벗들 가슴으로 배웅하며
> 모질게 견뎌온 나날 과즙으로 고이더니
>
> 끝내 그를 알고 안절부절 못하는 낯빛

그걸 헤아린 듯 크게 한 입 베어 무니

다디단 사과향 속으로 그림자 두엇 잠긴다

—「사과를 만나다」 전문

이 시조에서 우리가 먼저 주목했던 것은 참신한 비유를 잡아내는 시선이나 그것을 맞춤하게 앉히는 서정적 표현들이었다. 기존의 시조 투套에 갇히지 않은 자기식의 표현들을 자연스럽게 구사하는 형식 운용이나 언어적 감각이 돋보였던 것이다. 연결성을 염두에 둔 듯 첫째 수와 둘째 수 종장의 마지막 음보를 이어지는 형식의 어미로 취하고 있는데, 그것이 종장의 완결미를 해치지 않을 만큼 마무리까지 자연스럽게 끌어오는 것도 주목된다. 여기에 "길어야 일주일쯤 머무는 줄 미리 알아" 같은 구절로 독자의 마음을 잡아내는 힘과 감각의 참신성도 평가를 받았다.

이러한 과정은 사과 한 개가 익기까지의 시간 속에 들어 있는 주변의 많은 조력助力과도 어울린다. 사과는 먼저 꽃이 피고 지는 사이의 일인 벌의 수고(수정도 요즘은 거개가 인공수정이라지만)에 햇살과 바람과 사람의 땀이 다 합쳐져야 우리네 식탁으로 온다. 그런 점을 눈여겨본 시인은 "받침이 집인 줄 모른 채 사과 꽃이 지"는 사실을 먼저 읽고 그 후의 시간과 과정에 주목한다. 한 알의 사과가 익는 것은 자연의 일이지만 "비바람에 지는 벗들 가슴으로 배웅하며 / 모질게 견뎌온 나날"의 귀결이기도 하다. 향기란 그런 과정에서 몸에 지닐 수 있는 것, 그것은 결국 살아남은 자의 몫이자 역할이라고 할 수 있는 "다디단" 완성이다. 흔하고 단순한 듯싶은 대상인 사과를 참신하고 서정적인 묘사로 일관함으로써 은은한 감동을 이루어낸 작품이라 하겠다.

이와 비슷한 풍으로 다가오는 작품이 꽤 많은 편인데, 「그리고 남은 적막」에서는 그의 장기인 참신한 묘사를 보다 간명하게 구조화하는 점이 돋보인다.

천천히 늙어 가는 외딴집 저녁노을
대숲을 배경으로 가족 같은 감나무
발갛게 등을 밝히고 누구를 기다리나

우표 없이 배달된 눈부신 벌레소리
억새들 은빛 갈기 달려가는 언덕 아래
구절초 보랏빛 향기 또 하나 남은 적막

―「그리고 남은 적막」 전문

이 작품 역시 초장부터 우리의 시선을 이끄는 요소를 담보하고 있다. "천천히 늙어 가는 외딴집 저녁노을"은 상황 전체를 압축하는 그림의 제시다. 시에서 "외딴집"이나 "저녁노을"은 식상할 만큼 흔한 소재고 반복적으로 재현되어 왔으니 심하게 말하면 지나치게 낭비된 대상이다. 일찍이 많은 시가 외딴집을 그려왔어도 박목월의 "산지기 외딴집 눈 먼 처녀사"(「윤사월」)

이상으로 우리를 사로잡기 힘들 만큼 대상 자체가 낡은 느낌이라 새로움을 얹기가 힘든 것이다. 그런데 시인은 그것을 뒤집어 "저녁노을"이 늙어 가는 것으로 그것도 "천천히 늙어 가는" 것으로 그려내며 낯익은 풍경을 새로운 장면처럼 바꾸어낸다. "천천히 늙어 가는" 것은 분명 집이고 사람이건만 "저녁노을"이 그러하다는 표현으로 새로운 맛을 얹는 것이다.

둘째 수는 "우표 없이 배달된 눈부신 벌레소리"의 도입부터 더 새로운 감각을 보여준다. 이어 "억새들 은빛 갈기 달려가는 언덕 아래"라는 공간의 제시, 그것을 마무리하는 "구절초 보랏빛 향기 또 하나 남은 적막" 등이 감각적인 묘사들이 한 폭의 수채화를 이루는 것이다. "은빛"과 "보랏빛" 같은 색채 감각에도 눈이 오래 머무는데, 거기에 첫째 수의 "발갛게"까지 넣으면 가을 색깔의 다채로운 문양이 선명하게 부조되는 것을 느낄 수 있다. 다시 "갈기"와 "향기"를 붙여 보면 "은빛 갈기"나 "보랏빛 향기"는 형상에 빛깔을 합쳐놓는 감각의 묘미가 더 오롯해진다. 그런데 그 모두가 "또 하나 남은 적막"으로 귀결되는 편한 마무리는 조금 아쉬운 생각이 든다. 하지만 두 수의 각 장章이 모두 독립적인 그림이자 전체 그림에 부조한다는 점에서 명징한 이미지의 조합으로 시적 효과를 돋우는 가편이다.

올챙이 떼 왁자한 다랭이 무논 위로

하늘을 찌를 듯이 개개비소리 날아가자

봄이다! 놀라 흩어지는 물에 비친 구름들

돌미나리 새순 위로 이슬 흠뻑 내려앉은

보이지 않는 아침이 파랗게 젖었다

민들레 하얀 목덜미 흔들고 가는 바람

—「파적破寂」전문

이 시조도 앞의 예처럼 풍경의 감각적 재현이 도드라지는 작품이다. 다만 움직임에 대한 묘사가 더 들어가면서 봄의 생동감이 부각된다는 것이 다르다면 다른 점이겠다. "올챙이 떼 왁자한", "하늘을 찌를 듯이 개개비소리 날아가자" 등의 동적인 풍경을 받아 안는 첫째 수 종장 "봄이다! 놀라 흩어지는 물에 비친 구름들"은 이른 봄의 표정을 여느 비유보다 생생히 살려내는 데 기여한다. 그런 도처의 움직임은 "보이지 않는 아침이 파랗게 젖"는 것으로 전해지며 우리의 느낌에도 파란 빛이 물들게 하는 감염력을 지니고 있다.

이런 시조를 쉽게 찾아 맛볼 수 있다는 것, 그것은 박연옥 시집을 읽는 즐거움의 하나다. 시인은 늘 보는 봄도 "연초록 수양버들 리본 묶는 봄이다"(「어떤 생각」)라고 새뜻함을 배가하는 데 능하다. 또 날마다 보는 햇빛도 "은빛 등을 부비며 햇빛들만 쌓이고 / 두고 간 도랑물소리에 무딘 귀를 세운다" (「길 밖의 집」)는 표현으로 우리네 감각을 돌아보게 한다. 햇살(빛)이나 고요 등으로 집중되는 이미지에 고개를 갸웃거리다가도 각기 다른 감각을 입고 나온 구절을 보며 감응되는 것이다. "그 봄날 햇살이 / 이끼처럼 자라고" (「흔들리는 고요」), "온종일 햇빛들이 자맥질로 바쁜 하루"(「가을 숲 명상」), "포구로 마중 나온 햇빛들 옹기종기"(「마른 향기」) 등 다양한 묘사나 비유들은 이미지의 선도鮮度를 높이며 고유성을 부가한다.

고요 역시 풍경을 그린 작품들에 자주 등장하는 단어지만 다각적인 비유로 변화를 꾀한다. "물빛 고요"라는 집약이 나오는가 하면, "오랜 날 달빛에 씻은 사리 같은 고요여" (「몽돌밭에서」) 같은 비유나, "쟁반에 담은 듯이 쪽빛이 고요하고"(「다랑이 마을 운韻」) 혹은 "어둠이 번져 있는 / 티끌 하나 없는 고요"(「새벽」)에서 보듯, 집요한 탐색을 곁들이는 것이다. 여기서 좀 나아가면 "시간의 그물 위로 맹독처럼 번진 고요"(「빈집의 물소리」)처럼 정적인 양상을 탈피하는 경우도 간혹 보인다. 이처럼 다양한 묘사나 비유는 햇살이나 고요처럼 낯익은 단어나 풍경들에 신선한 표정을 얹으며 시의 맛을 높여주고 있다.

3

앞에서 살핀 시조들에는 박연옥 시인의 장기인 감각적 읽기와 재현이 간명한 구도 속에 효율적으로 집약되는 것을 볼 수 있었다. 시인이 특히 공을 들이는 것으로 짐작되는 명징한 묘사나 비유들이 익숙한 그림에도 새로운 느낌과 색깔을 부여하는 것이다. 이러한 서정성은 삶의 현장을 다루는 작품에서도 지속되는데 「마른 향기」 같은 작품에서 그런 표현들을 만날 수 있다. "들국화 마른 향기가 바람 뒤에 숨는 날" 같은 구절은 이 작품에 머물게 하는 힘으로 보이는데, "누군가 등 뒤에서 가만 안아 줄 것 같은" 파도를 잡아내는 마지막 표현은 우리에게 시인의 따뜻한 시선을 따라가게 이끈다.

현실을 그려보는 이러한 경향의 작품이 이번 시집에 간간이 보이는데, 이는 시인이 확장해나갈 시조의 또 다른 품을 환기한다. 그런 점에서 다음 작품들은 박연옥 시인의 현실 인식과 사회적 상상력의 확장에 대한 기대를 담고 있는 시조로 읽을 수 있을 것이다.

혹한을 견디고 온 노숙의 그것처럼

이를테면 경이로운 생존의 순간들이

서로가 서로를 붙잡고 봄을 만나는 것이다

—「감자에 관한 비유」 부분

봄볕에 이불 널던 낮은 키 담장에는
철거를 알리는 붉은 문구 나부끼고
정 많던 골목 사람들 나눠 갖는 낯선 주소

—「민들레 가족」 부분

도시의 시간들은 안섶까지 축축하다
젖은 날이 삼켜 버린 저 지독한 무기력
저무는 창문 밖으로 녹아 버린 하루의 뼈

—「장마와 관련하여」 부분

이 작품들에서는 박연옥 시인의 시선이 자주 머물던 자연보다 우리가 처해 있는 현실 쪽으로 향하는 것을 볼 수 있다. 감각적 서정성으로 살려내기 좋은 자연이나 풍경 혹은 지난날의 삶 등에서 '오늘, 여기'의 삶터로 이동해온 것이라고 할 만한 확장이다. 「감자에 관한 비유」는 현대사회의 큰 문제인 노숙 즉 감자를 "혹한을 견디고 온 노숙"에 빗대는 데서 지금까지의 자연 위주의 서정에서 사회적 서정성으로 나아가고 있다. 「민들레 가족」 또한 "철거를 알리는 붉은 문구 나부끼고"에 나타나듯, 철거당하는 사람들 편에 서서 현실을 바라보며 그 현장의 아픔에 주목하고 있다. 「장마와 관련하여」도 부제에서 우리 사회의 큰 문제가 '일용직'의 일임을 드러낸다. "저무는 창문 밖으로 녹아 버린 하루의 뼈"로 일용직의 고단함이나 현실적 막막함을 직시하고자 하며 그런 상황에 놓인 삶을 압축적으로 그려낸다.

물론 이런 시편에도 나타나는 서정성에만 주목하면 이전의 자연 중심 시조와 크게 다르지 않다고 할 수 있을 것이다. "서로가 서로를 붙잡고 봄을 만나는 것이다"라거나 "정 많던 골목 사람들 나눠 갖는 낯선 주소"처럼 희망에 대한 끈을 따뜻하게 그리는 것도 작금의 현실과 조금 괴리된 따뜻함의 위안이라고 볼 수도 있다. 하지만 현대인이 직면한 현실에 보다 더 육박해 가며 그림 속의 세상이 아닌 '지금, 이곳'의 생활을 진솔하게 담아낸다는 점에서 시선의 확장은 분명히 담겨 있다고 보인다. 그리고 그가 잘 그릴 수 있는 세계에 안주하지 않고 앞으로 더 개척해야 할 시조의 영역을 내다보게 한다는 점에서 의미 있는 변모로 읽힌다.

이러한 경향과 궤를 같이하는 시조 중에 「달무리」는 곱씹어도 좋을 수작이다. 삶의 굴곡진 이면을 단수 안에 밀도 있게 직조함으로써 짧은 형식에 넓은 여운의 깊이를 담보하기 때문이다.

구겨진 구름 사이
홀몸으로 빠져나와

부드러운 질감으로
확 퍼진 물비린내

그렇게
돌아 온 사내
우두커니
서
있다

—「달무리」 전문

'달무리'는 많은 시에서 다룬 대상이라는 선입견으로 스쳐보기 쉬운 자연 현상이다. 그런데 시인은 달무리 속에 한 "사내"의 쓸쓸한(실패자 같은 씁쓸하고 막막한) 그림자를 겹쳐 놓음으로써 지금까지와는 다른 사회적 서정성을 담아낸다. 그것은 초장에서 "구겨진 구름 사이 / 홀몸으로 빠져나와"에서 깔아 놓은 암시의 심화인 동시에 중장에서 다시 이를 받아 펴는 "물비린내"로 예각화된다. 달무리라는 자연 현상에 "구겨진" 현실을 헤치고 간신히 "돌아 온 사내"를 겹침으로써 행간의 효과적인 깊이를 만들어낸 것이다. 그런 심증을 확인시켜주는 물증은 물론 앞의 내용을 압축하는 송장의 "그렇게"라는 부사다. 사실 "그렇게"는 종장 첫 음보에 배치하기에는 이완이나 설명적 소지가 높은 표현이라 상당히 조심스러운 배치로 볼 수 있다. 이 표현이 없어도 그렇게 읽는 데는 별 지장이 없을 만큼 초 · 중장의 예비가 긴밀하다는 점에서 더 그렇다고 할 수 있다. 그럼에도 굳이 "그렇게"를 놓은 데는 그 상황을 강조하고 싶은 시인의 욕망이 작용하지 않았나 싶다.

여기서 종장을 다시 보면 "우두커니"와 "서 / 있다"의 섬세한 시행 배열이 마무리를 묵직하게 만드는 것을 알 수 있다. 감정을 배제한 묘사나 시행을 잘게 나누어 시각화한 배치가 작품에 보다 현실적인 음영이나 시각적인 효과를 높여주기 때문이다. "구겨진 구름 사이" 즉 험한 세상을 "돌아"서 "온" 어느 지점에 "우두커니" 그저 "서 / 있"는, 그럴 밖에는 도리 없는 한 "사내"의 검은 실루엣! 그렇게 읽으면 한 사내의 캄캄한 모습을

달무리에 부조함으로써 지금까지 보아온 서정적 달무리와는 전혀 다른 현실적 달무리를 오롯이 그려낸 것이다. 그것도 군더더기 없는 단수로 간명하게!

여러 편의 작품에서 살펴보았듯, 박연옥 시조에는 담백하고 투명한 서정성이 근간을 이루고 있다. 그 대부분은 시인이 차분한 시선이나 감각적 촉수로 길어 올려 감정의 과잉 없는 재조직하며 수채화 같은 구도나 색감으로 되살려낸 것들이다. 따라서 그의 시집에서는 "잘 익은 도토리 몇 개 몸을 뉘는 지구 한 쪽,"(「가을숲 명상」) 같은 눈부신 구절을 자주 만날 수 있다. 독자도 시인이 그리는 수채화 속으로 자주 들어가서 물들다 나오는 시적 감응을 즐길 수 있다.

그런데 그런 표현들도 새로운 인식이나 시선의 깊이가 동반될 때 더 빛난다. 예컨대 "가난도 따뜻한 희망"(「따뜻한 강」) 같은 구절은 가난을 쉽게 예찬해온 기존의 답습이나 현실 인식의 안이함으로 비칠 소지가 있기 때문이다. 사실 오늘날의 우리는 자본의 무한 횡포가 빚는 빈부격차 같은 많은 사회 문제투성이 도시에서 나날을 살고 있지 않은가. 그런 점에서 수채화 같은 서정성의 세계에는 다층적이고 분열적이고 부조리한 복합성의 미학이 넘칠지도 모른다. 하지만 그렇다고 이를 도외시할 수는 없으니 우리는 현대를 사는 현대(시)인이기 때문이다. 물론 각자 깜냥껏 헤쳐 가는 상황이지만, 신인이야말로 현대성을 더 고민해야 하니 덧붙이지 않을 수 없다.

4

발견이 시의 생명이라 하지만 그것에 머물면 시인으로서의 생명력은 금방 소진된다. 갈수록 진화하는 서정도 마찬가지라 요즘은 서정의 발명이라는 말까지 예사로 쓸 만큼 더 새로운 서정을 더 다양하게 추구하고 있다. 서정의 발명은 지금까지 없던 새로운 서정을 창출한다는 의미일 텐데, 그조차 다시 나오는 새로운 서정에 자리를 내주며 서정의 심화나 확장이 끊임없이 일어나는 것이다. 이러한 진화는 물론 쉽게 얻는 게 아니니 늘 다르게 그리고 새롭게 읽어내는 발견의 즐거움 속에 인식의 깊이를 새길 때 가능한 길이기도 하다. 그렇게 나아갈 때 "모음이 참 아름다운 시도 되고 밥도 된다"(「모음을 위하여」)는 박연옥 시조 고유의 미적 진경도 더 넓게 열어 가리라.

이 시집에서 우리는 박연옥 시인의 감각적인 서정과 비유의 새로운 발화를 즐길 수 있었다. 언어나 감정의 과잉을 걸러낸 이미지와 참신한 비유들은 수채화 같은 세계를 명징하게 구조화한다. 시조에 대한 선입견을 불식시켜주는 서정의 새로운 면모들은 그만의 시조 문법으로 읽어도 좋은 시적 촉수의 개성적인 발현이다. 앞으로 오늘의 문제의식까지 품는다면 그의 감각적 서정은 시적 통찰과 함께 더 독보적인 서정의 진화를 보여줄 수 있을 것이다. 그 전에 우리는 이 시집에서 그려내는 감각과 서정의 다채로운 문양 그리고 그 안팎에서 번져 나오는 여운의 무늬를 즐길 일이다.

모음을 위하여

지은이 · 박연옥
펴낸이 · 유재영
펴낸곳 · 동학사

1판 1쇄 · 2014년 11월 10일
출판등록 · 1987년 11월 27일 제10-149

주소 · 121-884 서울 마포구 토정로53 (합정동)
전화 · 324-6130, 324-6131 | 팩스 · 324-6135
E-메일 | dhsbook@hanmail.net
홈페이지 | www.donghaksa.co.kr
www.green-home.co.kr

ISBN 978-89-7190-466-4 03810

※ 이 책은 2014 서울문화재단 문학창작집 창작기금 지원을 받아 발간하였습니다.